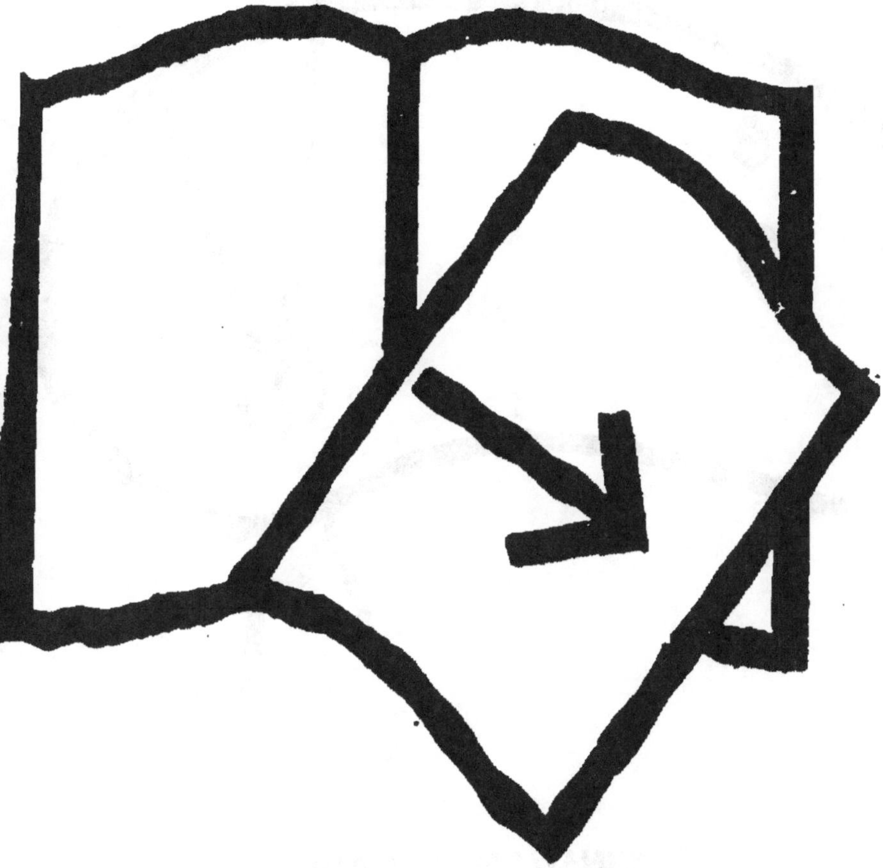

Couverture inférieure manquante

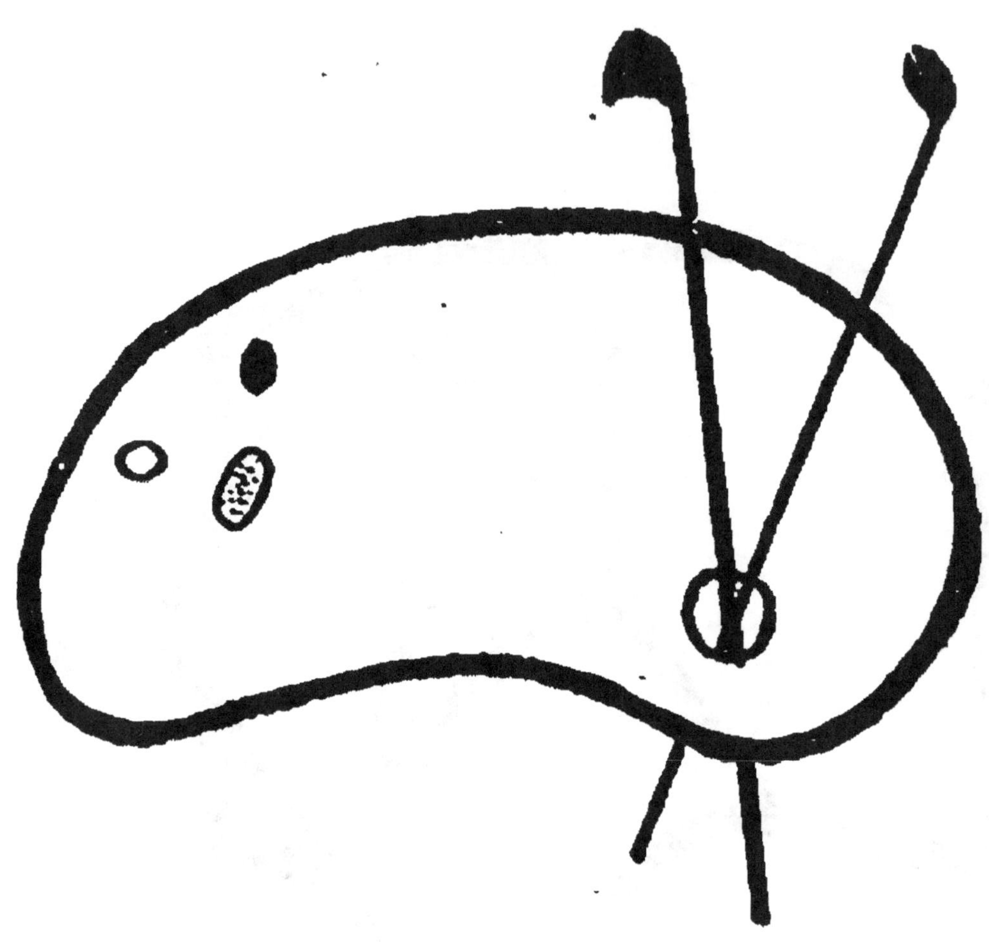

AUX PUISSANCES DE L'EUROPE

MÉMOIRE

DU

COMITÉ DES EUROPÉENS DU CAIRE

SUR LA

SITUATION FINANCIÈRE DE L'ÉGYPTE

LE MANS
IMPRIMERIE LEGUICHEUX-GALLIENNE
15, RUE MARCHANDE, 15

1878

MÉMOIRE

DU

COMITÉ DES EUROPÉENS DU CAIRE

AUX PUISSANCES DE L'EUROPE

MÉMOIRE

DU

COMITÉ DES EUROPÉENS DU CAIRE

SUR LA

SITUATION FINANCIÈRE DE L'ÉGYPTE

LE MANS
IMPRIMERIE LEGUICHEUX-GALLIENNE
15, RUE MARCHANDE, 15

1878

AUX PUISSANCES DE L'EUROPE

Par une communication en date du 8 avril 1878, le *Comité des Créanciers du Gouvernement égyptien à Alexandrie et le Comité des Européens du Caire, pour la défense de leurs intérêts*, exposèrent à M. le président de la commission supérieure d'enquête égyptienne, les raisons qui les ont obligés à combattre l'idée de l'enquête dès avant la nomination des commissaires et celles qui les obligeaient de persister dans la conviction que cette enquête recèle un grand danger, notamment, en présence des difficultés pratiques que les agissements du khédive ont accumulées à l'avance, difficultés que le gouverneur général de l'Égypte a suscitées et suscitera toujours, pour cacher la vérité sur son administration passée, pour exagérer les charges et dissimuler les ressources actuelles et à venir de son pays.

Cependant, dans l'unique but d'apporter un élément de plus pour décider l'action immédiate des puissances européennes, par la révélation de faits déterminés faisant comprendre l'impossibilité de conserver le système actuel d'administration de l'Egypte, les membres des comités se mettaient à la disposition de la commission d'enquête, pour lui donner tous les renseignements qu'ils pourraient avoir recueillis et qu'il plairait à cette commission de leur demander.

Le 11 avril, M. le président de la commission supérieure d'enquête voulut bien donner l'assurance aux comités « que la commission recevra avec grand intérêt, « et examinera avec le plus grand soin les renseigne- « ments et documents » que les comités voudraient bien lui faire parvenir.

Fidèles à leur programme, les comités n'ont pas cessé chaque jour de signaler au public et à MM. les agents diplomatiques et consulaires, tous les faits arrivés à leur connaissance, et par des études consciencieuses et des démarches sérieusement motivées, ils ont fait le possible pour convaincre tout le monde de la suffisance des ressources *actuelles* de l'Egypte pour faire face à *tous* les engagements et pour démontrer la nécessité d'apporter un remède immédiat à une situation malheureuse, créée avec préméditation par des manœuvres aussi audacieuses que déplorables, situation devenue intolérable aussi bien pour les colonies européennes, qui sont aux abois, que pour le peuple égyptien, lui-même, qui est indignement dépouillé et asservi.

Cependant, on nous signale que la misère des indigènes augmente, que les perceptions arbitraires continuent, et qu'en dehors du paiement du coupon du premier mai dernier de la dette publique et des mesures prises pour faire payer partiellement quelques employés du gouvernement, tous ceux qui souffraient, souffrent encore; aucune détermination n'a été prise pour faire payer ceux à qui il est le plus légitimement dû : les porteurs de jugements passés en force de chose jugée, les porteurs de factures reconnues et acceptées, et les pensionnaires sont encore à attendre un paiement qui peut seul les arracher à la misère, trop heureux lorsque cette attente injuste ne les expose pas à subir une grave atteinte à leur honneur.

Et pendant qu'un tel état de choses subsiste, le khédive continue ses folles dépenses au palais de Djizeh, il donne et assiste à des fêtes somptueuses, ses fils, ses femmes, sa mère vivent dans une opulence, dans un luxe, tellement inouï, qu'il n'a jamais été égalé dans les cours des plus puissants potentats.

Pour qu'un tel contraste puisse se perpétuer, pour que tant de créanciers souffrent de la misère en présence de l'insolente opulence de leur débiteur, il faut que les puissances européennes, il faut que la commission supérieure d'enquête ne se soient pas encore rendu compte de l'importance des ressources actuellement accumulées par le khédive, de l'énormité des sommes qu'il a jusqu'ici perçues, de la simulation de cette détresse du trésor égyptien et du khédive, que ce dernier voudrait tant faire accepter comme réelle.

C'est pourquoi, tout en rendant hommage au savoir et

à l'énergie des membres de la commission supérieure d'enquête égyptienne, tout en reconnaissant avec gratitude les efforts des agents et consuls généraux, nous nous adressons aux puissances de l'Europe pour leur dire encore : le khédive, à son avènement au gouvernement de l'Egypte, a trouvé une province prospère, heureuse et n'ayant pour ainsi dire pas de dette publique, aujourd'hui le peuple égyptien est misérable et la dette égyptienne dépasse deux milliards ; Ismaïl-Pacha ne jouissait que de 750,000 francs de rente, aujourd'hui il est possesseur de propriétés valant plus d'un milliard et demi, sans compter quarante-trois palais, bâtis ou restaurés depuis 1861 ; les fellahs et les autres égyptiens étant ruinés, les européens ayant toute leur épargne en papier égyptien et les importations d'argent monnayé ayant toujours été considérablement supérieures aux exportations, le khédive doit avoir une réserve métallique au moins égale aux valeurs foncières qu'il n'a pu dissimuler. Toutes ces richesses proviennent des surcharges d'impôts ou des emprunts faits aux européens : il y a donc urgence de sauver ce patrimoine qui est la garantie de tous les créanciers et celle du pays ; il y a urgence d'*exiger* le paiement immédiat de toutes les dettes exigibles du khédive et de son gouvernement ; il y a urgence, enfin, de faire cesser une administration qui a abusé du passé, se moque du présent, et compromet l'avenir de tout un beau et fertile pays, de toute une honnête, patiente et laborieuse population, des grandes colonies européennes établies en

Egypte sur la foi des traités et de la protection qui leur est due.

Mais pour arriver à ce remède radical et définitif, auquel indigènes et européens aspirent, il faut admettre la réalité de la situation financière que nous avons indiquée ; il faut avoir reconnu à quelle extrémité est arrivé le mal que nous signalons ; et pour admettre cette réalité et l'existence de ce mal, il faut connaître en détail, au moins une partie des abus commis, des perceptions faites et des précautions prises pour en dissimuler le produit. C'est l'indication de ces abus et la nomenclature de ces exactions que nous venons faire aujourd'hui avec toute l'exactitude que comporte le nombre restreint de documents authentiques à notre disposition, mais avec tout le soin et toute la bonne foi qu'on doit apporter dans la défense d'intérêts aussi considérables que sacrés, bonne foi à laquelle nous tenons essentiellement à rester toujours fidèles.

I

De la légalité des impôts en Egypte

Pour distinguer les perceptions légales des exactions, il nous paraît indispensable de rappeler les textes qui donnent au vice-roi d'Egypte le droit de percevoir des impôts.

Ces textes font partie des Firmans ottomans constitutifs de la vice-royauté d'Egypte, lesquels ont été délivrés à Mehemet-Ali, après accord entre la Sublime-Porte et les puissances signataires du Protocole de Londres, ce qui fait qu'ils sont placés sous la surveillance et la sauvegarde de l'Europe.

Le Firman du 18 février 1841, relatif à l'Egypte, comprend un paragraphe ainsi conçu : « Tous les impôts « dont la Province se trouvera grevée, seront perçus en « mon nom, et pour que les habitants de l'Egypte, qui « font partie de ma Sublime-Porte, *ne soient pas exposés* « *à des avanies et à des perceptions irrégulières, les* « *dîmes, droits et autres impôts*, y seront réglés d'après « le même système que celui suivi dans le reste de l'Em- « pire. »

Le Firman du 1er juin 1841, qui est la charte définitive de la vice-royauté d'Egypte, dans la famille de Mehemet-Ali, reproduit la même disposition, mais dans ces termes : « Toutes les taxes et tous les revenus levés en Egypte, le « seront en mon nom impérial. Les Egyptiens étant les « sujets de la Sublime-Porte, *pour les protéger contre « toute vexation ultérieure, les dîmes, droits et autres « taxes à lever*, seront levés conformément au système « équitable suivi par mon gouvernement. »

On voit que ces stipulations sont formelles, et elles ont toujours été interprétées par les puissances, dans le sens qu'aucune augmentation des impôts anciens, aucune taxe nouvelle ne peut être légalement ordonnée par le vice-roi d'Egypte, sans une autorisation préalable du gouvernement ottoman, qui, de fait, se réservait de contrôler le chiffre des impôts et la manière de les percevoir en Egypte. Le Firman du 14 février 1841, en effet, réservait explicitement ce contrôle dans les termes suivants : « Comme « il est du devoir de ma Sublime-Porte *de connaître le « montant annuel des revenus, et la manière de perce-« voir la dîme et les autres impositions*, et comme cet « objet exige une commission de surveillance et de *con-« trôle* dans cette province, on y avisera ultérieurement « d'après ma volonté impériale. » Bien que cette disposition ne soit pas textuellement reproduite dans le Firman du 1er juin, le fait certain que le Firman du 14 février n'était pas annulé, a fait, à juste titre, considérer ce droit de contrôle comme virtuellement maintenu.

Il reste donc hors de doute que toute augmentation des impôts anciens, toute taxe nouvelle, ne saurait être avec droit ordonnée en Egypte, sans l'autorisation préalable de la Sublime-Porte.

Depuis l'avènement d'Ismaïl-Pacha au gouvernement de l'Egypte, *aucune* autorisation de ce genre n'a été sollicitée ni obtenue et cependant, comme nous allons l'établir, tous les impôts ont été augmentés et de nombreuses taxes nouvelles ont été ordonnées.

II

Les impôts fonciers

Avant d'entrer dans les détails des chiffres des impôts fonciers de l'Egypte, il est bon de rappeler que, de temps immémorial, les immeubles ont été divisés, dans les pays musulmans, en deux grandes catégories dont l'impôt varie selon la qualification légale qui est attribuée à chacune d'elles :

1° Les terrains Haradjis (tributaires) dont la nue-propriété appartient réellement ou fictivement à l'Etat, et l'usufruit, avec tous les droits afférents à la pleine propriété, appartient à des particuliers.

2° Les terrains Ochouris (sujets à la dîme) dont la pleine propriété appartient aux détenteurs et que pour cette raison on appelle aussi Mulk (*propriété*, dans le sens absolu du mot).

Ces deux catégories de terrains se subdivisent, pour la perception des impôts en nombreuses classes, dont trois principales, selon la valeur productive attribuée aux terrains ; et ces trois classes sont soumises à un chiffre différent d'impôts selon que les terrains sont situés dans la Haute ou dans la Basse-Egypte.

Pendant le règne de S. A. Saïd-Pacha, les terrains *haradjis*, devaient payer par feddan :

	DANS LA BASSE-ÉGYPTE	DANS LA HAUTE-ÉGYPTE
1re classe. . .	135 piast. égypt.	95 piast. égypt.
2e — . .	100 —	80 —
3e — . .	75 —	65 —

Et les terrains ochouris

1re classe. .	50 piast. égypt	35 piast. égypt.
2e — . .	35 —	25 —
3e — . .	20 —	15 —

Aussitôt l'avènement de S. A. Ismaïl-Pacha, les impôts furent progressivement augmentés d'environ 25 0/0, et on exigea par feddan en 1868 :

Pour les terrains ochouris

	DANS LA BASSE-ÉGYPTE	DANS LA HAUTE-ÉGYPTE
1re classe. . .	65 piast. égypt	45 piast. égypt.
2e — . .	45 —	35 —
3e — . .	20 —	20 — (1)

Et pour les terrains haradjis

On exigea des chiffres augmentés d'une façon analogue, mais qui ne furent pas communiqués aux agents des puissances, ce qui porta l'impôt de cette catégorie de terrains, pour la Haute-Egypte, par feddan, à :

1re classe, 130 P. E. ; 2e classe, 114 P. E. ; 3e classe, 95 P. E.

(1) Circulaire du 17 octobre 1867, n° 604, adressée par le ministre des affaires étrangères aux agents et consuls généraux en Egypte.

Cette même année 1868 il fut ajouté au principal des impôts une surtaxe sur les terrains *haradjis* d'un sixième stipulé à titre de prêt pendant 5 ans et qui devait être ensuite restitué aux contribuables. Au lieu de cela, en 1871, cette surtaxe fut déclarée définitive et on continua et on continue à la percevoir.

La même année 1868, il fut ajouté un droit de perception, dénommé *service* (Khedmah) de 1 piastre et demie par feddan.

En 1870, une taxe d'*arrosage* (Rabie) équivalente à 10 pour 100 de toutes les taxes qui précèdent, fut imposée sur toutes les terres, soit qu'elles profitassent ou non, des canaux d'irrigation, *lesquels on continua d'entretenir au moyen des corvées.*

En 1871 on publia la fameuse ordonnance dite loi de la Moukabala (compensation), qui décrétait le paiement facultatif pendant six ans d'une surtaxe équivalente à 50 pour 100 des impôts de l'année 1871, moyennant le paiement de laquelle les terres seraient affranchies après six ans de la moitié de leurs impôts calculés sur l'année 1870, avec interdiction, pour le gouvernement, d'augmenter à l'avenir les impôts ainsi réduits. Cette surtaxe décrétée *facultative*, fut *imposée* à tous les sujets ottomans, et par un décret de novembre 1876, le dégrèvement promis fut renvoyé à l'année 18:6 et la surtaxe maintenue jusqu'à fin de 1885.

En 1873 on ajouta à l'impôt de chaque feddan un droit de *récépissé* ou de timbre évalué à 1 piastre égyptienne.

En 1876, on perçut en plus une taxe équivalente au quart de la totalité des impôts de l'année, à titre « de « secours pour les terrains qui n'ont pas été touchés par « l'inondation. » Cette surtaxe, qui constituait le rétablissement du déplorable principe de *solidarité des contribuables*, autrefois mis en pratique par Mehemet-Ali, fut perçue sur tous les terrains, même sur ceux non inondés, mais elle ne fut pas maintenue en 1877.

La même année 1876, toutes les terres furent frappées d'une surtaxe de guerre de 5 piastres égyptiennes par feddan, plus d'une autre taxe de 10 pour 100 de l'impôt pour couvrir le Trésor *des arriérés d'impôts dûs par les contribuables insolvables*, soit, comme on le voit, une autre forme de la *solidarité* inventée par Mehemet-Ali.

De plus, selon les provinces, il fut ajouté des sortes d'impositions locales, comme 5 P. E. par feddan pour l'entretien du canal *Sohhadji* et 2 piastres par feddan pour l'entretien du canal l'*Ibrahimieh*, bien que ces deux canaux soient curés par les corvées, et que leur usage soit réservé exclusivement pour les propriétés vice-royales.

Telles sont les bases sur lesquelles nous allons nous appuyer pour évaluer les sommes que le khédive et son gouvernement perçoivent pour les impôts fonciers de l'Egypte.

A défaut de documents isolés pour chacune des provinces de l'Egypte, et pour simplifier notre travail, nous baserons tous nos calculs sur les chiffres certains que nous possédons pour les provinces de la Haute-Égypte et nous prendrons des moyennes afin que nos résultats soient eux-mêmes des moyennes en ce qui regarde la Haute-Egypte et des *minima*, hors de toute critique, puisque tous les impôts de la Basse-Egypte sont plus élevés d'un quart environ que ceux de la Haute-Egypte.

D'après les statistiques officielles publiées par le gouvernement égyptien, la surface de terres cultivées en Egypte aurait été de 4,624,221 feddans en 1873. Ce chiffre n'a pu augmenter d'une manière notable, en sorte qu'il est à peu près conforme à celui représentant les feddans en culture à l'avènement du khédive en 1861.

A cette époque les terrains ochouris n'étaient que le dixième de la totalité des terres cultivées ; mais par suite de l'application abusive faite aux terres du khédive, et à ses terres seules, du bénéfice de transformation en *ochouris*, de terres qui ne l'étaient pas, transformation permise par la Moukabala, et vu l'immense surface des propriétés du khédive et de sa famille, nous admettons que l'importance des terres soumises à l'impôt réduit de la dîme ait atteint aujourd'hui le tiers de la totalité des terres en culture. En conséquence nous aurons.............. 1,541,407 feddans ochouris
et............. .... 3,042,818 — haradjis.

Total égal..... 4,624,221 feddans en culture.

Prenant pour base de l'impôt *ochouri* les chiffres donnés par la circulaire officielle de 1868, nous aurons comme moyenne de l'impôt foncier de cette catégorie de

terrains, pour la Basse-Egypte......	43 P. E. 1/2
et pour la Haute-Egypte............	33 — 1/3
dont le total.....................	76 P. E. 5/6
divisé par 2 donne pour moyenne générale...........................	38 — 1/2

par feddan *ochouri* dans toute l'Egypte.

Cette moyenne appliquée aux 1,541,407 feddans *ochouris* de toute l'Egypte donne le chiffre annuel d'impôts de :

58 082,130 P. E. 1/2, soit : 593,714 livres sterling.

Nous ferons observer que nous pouvons à bon droit considérer ce total comme un *minimum* très exagéré bien que nous ayons appliqué une moyenne générale, car nous n'y ajoutons pas les surtaxes de guerre et autres que la plupart des propriétaires de terrains *ochouris* payent en plus de l'impôt principal. En effet, un état d'impôts *ochouris* dans la Basse-Egypte, publié par la *Gazette des Tribunaux* d'Alexandrie, le 13 avril 1878, établit que pour une surface de terre payant 1,232 P. E. d'impôts en 1861, on a payé, en 1875, 3,474 P. E., soit presque trois fois la somme primitive.

En ce qui concerne les terrains karadjis, nous prenons pour base la moyenne de l'année qui a précédé l'augmentation du sixième, soit l'année 1867 : nous avons donc pour la 1re classe, 130 P. E.; 2e classe, 114 P. E.; 3e classe, 95 P. E.; ensemble, 339 P. E., dont le 1/3

ou la moyenne est de............	113 P.E.		»
Y ajoutant le sixième............	18	—	83/0
Nous avons le total de..........	131 P.E.		83/0
Auquel il faut ajouter :			
1° La *moukabala* (1/2 de ce total).	65	—	91/0
2° Le service...............	1	—	50/0
3° Le timbre................	1	—	»
4° La taxe d'arrosage (10 0/0)...	13	—	18/0
5° La taxe de guerre..........	5	—	»
6° Les arriérés (10 0/0)........	13	—	18/0
Et on a le total par feddan de.....	231 P.E.		60/0

Et ce chiffre ne comprend pas les 7 P. E. perçues sur chaque feddan dans quelques provinces de la Haute-Egypte pour l'entretien de certains canaux, ni aucune autre taxe locale, donc il doit être un *minimum* indiscutable. Cependant nous tenons à le corroborer en prenant les moyennes de deux bordereaux officiels d'impôts que nous possédons et qui se rapportent à des terrains situés en dehors de la Basse-Egypte : l'une de ces moyennes

donne...............	104 P. E.	1/2	par feddan.
l'autre...............	103 —	»	—
Soit ensemble...	207 P. E.	1/2	—

Dont la moitié est de..........	103 P. E.		75/0
Ajoutant à ce chiffre :			
1° Le sixième................	17	—	29
A reporter....	121 P. E		04

Report.......	121	P. E	04
2° La *moukabala*.............	60	—	50
3° Le service...............	1	—	50
4° Le timbre................	1	—	»
5° L'arrosage (10 0/0).........	12	—	10
6° La taxe de guerre..........	5	—	»
7° Les arriérés (10 0/0).......	12	—	10
Nous avons le total de......	213	—	24/0

qui se rapproche de beaucoup de celui par nous trouvé, bien qu'il se rapporte exclusivement à des terrains d'une classe inférieure. Néanmoins, pour parer à toute critique, nous prendrons ce dernier total comme moyenne de l'impôt annuel des terrains *haradjis* de la Haute-Egypte, et l'appliquant aux 3,082,814 feddans *haradjis* de toute l'Egypte, c'est-à-dire aussi bien aux terres de la Basse-Egypte qu'à celles du *saïd*, nous avons un total annuel d'impôts de :

657,369,267 P. E. 1/3, soit : 6,752,505 Liv. sterl.

pour les terrains *haradjis* de toute l'Egypte.

Mais les impôts et taxes énumérés ci-dessus ne sont pas les seules impositions qui frappent le sol et les immeubles ; il y a lieu d'y ajouter :

1° L'impôt sur les palmiers ;

2° L'impôt sur les maisons appelé *tanzim ;*

3° L'impôt sur la valeur locative des maisons, boutiques, moulins, etc., appelé *aouad-el-ammelak.*

L'IMPOT DES PALMIERS

Cet impôt est en Egypte de trois classes :

1re classe, 10 P. E. ; 2e classe, 5 P. E. ; 3e classe, 3 P. E. ; en tout, 18 P. E., qui divisées par 3 donnent la moyenne de 6 P. E. par palmier.

La statistique officielle de 1873 nous indique 3,429,498 comme étant alors le chiffre des palmiers de l'Egypte. Supposons que ce chiffre n'ait pas augmenté, supposons même qu'il y ait un nombre égal de chacune des trois classes de palmiers, ce qui ne doit pas être en Egypte où les palmiers en plein rapport et payant la taxe de 10 P. E., sont beaucoup plus nombreux que les jeunes *sans fruits* ne payant que 3 P. E., et appliquant notre moyenne de 6 P. E. par arbre, nous avons pour produit annuel de l'impôt des palmiers la somme de :

20,576,988 P. E , soit : 211,046 Liv. sterl.

L'IMPÔT DIT *Tanzim*

Cet impôt est de 2, 3 et 5, P. E. par *seuil* de maison rurale. Les trois taxes réunies donnent 10 P. E. dont la moyenne est de 3 P. E. 1/3 par *seuil*. Or, la population totale de l'Egypte étant (d'après les statistiques officielles) de .... 5,251,757 Individus.

Si nous en retranchons les étrangers, ci	79,696	id.
Il reste pour la population indigène le chiffre de	5,172,061	id.
A reporter. ...	5,172,061	id.

Report....... 5,172,061 individus.

En évaluant à 2/10 de ce chiffre, la population *urbaine*, habitant des maisons non sujettes à la taxe du *Tanzim* et déduisant ces 2/10 du total ci-dessus, ci.................... 1,034,412 id.

Il reste .... 4,137,649 indigènes habitant des maisons rurales, qui du reste sont nombreuses dans toutes les villes égyptiennes, où les faubourgs sont considérés comme ne faisant pas partie de la cité.

Admettant, maintenant, que chaque famille indigène se compose de 5 individus : le père, la mère et 3 enfants, ce qui est au-dessus de la réalité en Egypte, où les enfants se marient de bonne heure, et constituent bien vite une nouvelle famille, on aura 825,529 familles habitant 825,529 maisons rurales sujettes à la taxe, qui à la moyenne de 3 P. E. 1/3 par maison donnent le produit annuel de :

2,749,011 P. E., soit 28,195 livres sterling.

Et cette somme doit être admise comme inférieure à la réalité, si on considère que dans un des états officiels que nous avons sous les yeux, sur une population rurale avouée de 29,487 individus, le produit de l'impôt qui nous occupe est évalué à 88,500 P. E. soit à 3 P. E. par habitant et non par famille.

L'IMPOT SUR LA VALEUR LOCATIVE DES MAISONS, ETC.

Aouad-el-Ammelâk

L'évaluation de cet impôt, cependant très important par son produit, est fort difficile, car il est perçu sur la valeur d'un mois du produit net des maisons, boutiques, cafés, usines etc., que ces immeubles soient loués, ou qu'ils soient habités, ou exploités par leurs propriétaires; et cette valeur locative est, à défaut de bail enregistré, fixée arbitrairement par les agents du fisc, ce qui fait que le produit de cette taxe est des plus élastiques et toujours exagéré à la charge des contribuables.

Donc, sans données statistiques sur le nombre et la valeur locative des maisons, boutiques, cafés et de la plupart des usines, nous sommes obligés de ne mentionner cette source importante de revenus égyptiens que pour :

MÉMOIRE

Mais, en ce qui concerne les fabriques d'huile, la statistique officielle de 1873 nous permet de donner des chiffres à peu près certains.

La statistique nous dit que les fabriques d'huile sont en Egypte au nombre de : 101 au Caire, 4 à Alexandrie, 11 à Damiette, 2 à Rosette, 12 dans le Dakhalieh, 22 à Djirgéh (aujourd'hui Sohhadj) et 16 à Esneh, soit en tout 168 fabriques d'huile.

La taxe perçue annuellement sur ces fabriques varie de 1,250 P. E. à 5,000 P. E., non pas, assure-t-on, selon l'importance de l'usine, mais plutôt selon la richesse de son propriétaire. La moyenne entre ces deux chiffres est de 3,125 P. E. : en l'appliquant aux 168 fabriques de toute l'Egypte, on trouve un produit annuel de :

501,000 P. E., soit 5,138 L. st.

A propos de ce chiffre, nous avons la preuve du système de dissimulation de ressources employé dans les états officiels : l'un de ceux que nous avons entre les mains donne un chiffre de recettes pour impôt des fabriques d'huile qui, appliqué au nombre de ces fabriques de la province dans laquelle il a été dressé ne laisserait qu'une moyenne de 888 P. E. par fabrique, alors que le minimum de la perception est de 1,250 P. E. par fabrique !

RÉCAPITULATION

Du produit minimum des impôts fonciers

Impôts sur les terrains *ochouris*. .	L. St.	593,714
— — — *haradjis* . .	—	7,348,219
— — Palmiers.	—	211,046
— — Maisons rurales . .	—	28,195
— — Les maisons, boutiques, etc.	—	*Mémoire.*
— — Fabriques d'huile. .	—	5,138
Total	L. St.	8,188,312

III

Impôts sur les personnes

Les impôts de cette nature sont très nombreux, mais sont très peu connus des Européens qui, en vertu des Capitulations, devraient en être expressément affranchis. Ceux de ces impôts que nous avons pu connaître sont au nombre de trois principaux :

1° L'impôt personnel, ancien Kharatch, dit aussi *Teskéré* du nom de la carte qui en constate le payement ; cet impôt est perçu de tous les habitants mâles de l'Egypte au-dessus de l'âge de 10 ans à l'exception des étrangers, des soldats et des fonctionnaires.

2° La Ferdah et le Werko, sortes d'impôts des patentes, qui sont perçus de tous les ouvriers, artisans, domestiques, industriels et commerçants.

Et 3° Les surtaxes spéciales sur certaines professions, comme les potiers, par exemple.

L'IMPOT PERSONNEL

Cet impôt est de trois classes : 1re classe 45 P. E., 2e classe 30 P. E., et 3e classe 15 P. E. *par tête*.

Dans la pratique, le gouvernement égyptien exige que cet impôt soit recouvré sur la moyenne de 30 P. E. par individu, le plus ou le moins restant au profit ou à la perte des percepteurs, c'est-à-dire des *Moudirs*.

La statistique officielle dit que la population mâle de l'Egypte est de 2,554,164 individus, non compris les étrangers. Pour évaluer le nombre des Egyptiens sujets à l'impôt personnel, il y a lieu de déduire de ce chiffre : 1° Les soldats, 2° les fonctionnaires, et 3° les enfants mâles au-dessous de l'âge de 10 ans.

La statistique étant muette sur le nombre de ces trois catégories d'individus, nous allons en induire les chiffres par des considérations de faits connus de tous :

1° L'armée égyptienne ne peut, d'après les Firmans, dépasser 18,000 hommes ; c'est donc ce chiffre que nous admettons comme représentant le maximum possible des soldats égyptiens, ci 18,000

2° Les fonctionnaires de tous grades et de toutes conditions sont certainement moins nombreux que les militaires, et une partie notable de ces fonctionnaires, les subalternes, payent l'impôt personnel, cependant nous admettrons que cette catégorie d'individus soit d'un nombre égal à celui des militaires, ci 18,000

3° En ce qui concerne le nombre des enfants mâles au-dessous de l'âge de 10

A reporter. . . . 36,000

Report. . . . 36,000

ans, nous rappellerons que la statistique donne le chiffre de 138,000 comme étant celui des naissances annuelles en Egypte, qu'il meurt plus de la moitié de ces enfants avant d'avoir atteint leur 10ᵉ année, ce qui fait qu'on est au-dessus de la réalité en estimant à 940,000 le nombre des enfants des deux sexes existant en Egypte de l'âge de 10 ans et au-dessous. La même statistique établissant que les sexes se répartissent en Egypte par moitié environ, nous prendrons la moitié du chiffre ci-dessus de 940,000 enfants pour représenter le nombre des enfants mâles égyptiens au-dessous de 10 ans, ci 470,000

En sorte que le nombre maximum d'Egyptiens non soumis à l'impôt personnel est de 506,000

Qui déduit du total de la population égyptienne mâle ci. 2,554,164

Laisse une population sujette audit impôt de. 2,048,164
individus.

Appliquant à ce chiffre la moyenne de 30 P. E. par tête qui est exigée par le gouvernement égyptien, on a le produit minimum annuel de l'impôt personnel en Egypte, soit :

61,144,920 P. E. égalent, 630,204 L. st.

L'IMPOT DES PATENTES, *Ferdah*, *Werko.*

Nous avons dit que cet impôt est appliqué à tous les ouvriers, artisans, industriels, domestiques et commerçants.

Les statistiques égyptiennes ne donnent que partiellement les nombres représentant chacune de ces catégories d'individus ; cependant si nous prenons le chiffre incomplet des ouvriers agricoles déclarés dans la statistique de 1873 pour quelques provinces seulement, ci. 184,907

Celui des jardiniers déclarés dans la même statistique, ci 7,735

Et que nous comparions ces chiffres avec le total de la population afférente aux provinces pour lesquelles ils sont donnés ; de même, si nous comparons le nombre des *imposés*, avoué dans les états que nous avons, avec les totalités de populations des provinces dans lesquelles ces états ont été dressés, nous arrivons à nous convaincre que le nombre des individus soumis à l'impôt qui nous occupe est égal, au grand minimum, au cinquième de la population mâle imposée à l'impôt personnel.

Cette population étant de 2,048,164 individus, le cinquième égale 409,632 individus et c'est ce dernier chiffre que nous admettons pour représenter le nombre des *imposés* à la *Ferdah* ou *au Werko.*

L'impôt dont il s'agit est fixé de 50 P. E. à 750 P. E. par individu. Ne voulant trouver que le minimum des recettes possibles, nous rechercherons quelles peuvent être les moyennes les plus rationnelles entre ces deux chiffres extrêmes de 50 P. E. et de 750 P. E.

Il nous paraît vraisemblable que les imposés au maximum de la taxe doivent être moins nombreux que ceux des classes inférieures, bien que la première classe doive comprendre tous les chefs de corporations, tous les *notables*, dans chaque corporation, lesquels sont très nombreux en Egypte ; c'est pourquoi nous n'admettons que le dixième seulement du total des imposables comme payant le maximum, ci, individus. 40 963

Pour des raisons analogues, et n'ayant aucun égard aux taxes intermédiaires entre 750 P. E. et 500 P. E., nous évaluons aussi au dixième du total, la classe si nombreuse de commerçants et industriels payant 500 P. E. de *werko* par an, ci pour la deuxième classe, individus. 40 963

Nous formons une troisième classe égale au dixième du total des imposés, pour ceux qui payent 250 P. E. par an, individus 40 963

La quatrième classe sera aussi du dixième du total, et comprendra tous les artisans et hommes de métier qui payent 100 P. E. par an, ci, individus 40 963

A reporter. . . . 163 852

Report. . . .	163 852
Et les 6/10 restant formeront la cinquième classe que nous supposons ne payer que le minimum de la taxe soit 50 P. E., ci, individus.	245 780
Total égal, individus . .	409 632

Il est facile de reconnaître qu'en n'ayant aucun égard aux taxes intermédiaires entre 750 P. E. et 500 P. E., entre 500 P. E. et 250 P. E., entre 250 P. E. et 100 P. E., comme entre 100 P. E. et 50 P. E., notre division, toute arbitraire qu'elle soit, ne peut produire que des chiffres d'impôts inférieurs à la réalité des perceptions faites, ce qui est d'accord avec la tâche que nous nous sommes imposée.

Donc, appliquant les bases ci-dessus on aura pour :

La 1re classe, une recette de		30,733,150	P. E., égale	315,100	L. st.
La 2e	— —	10,481,500	—	210,068	—
La 3e	— —	10,240,750	—	103,033	—
La 4e	— —	4,000,300	—	42,013	—
Et la 5e	— —	13,280,000	—	126,011	—
Total du produit. . .		77,820,800	P. E., égale	708,253	L. st.

SURTAXES SUR LES PROFESSIONS

Ces surtaxes sont nombreuses, mais fort diversement établies. Elles portent sur les professions des potiers, des bateliers, des pêcheurs, etc. N'ayant à notre disposition, en ce qui les concerne, que la preuve de leur existence, nous nous voyons obligés de les relater ici pour *mémoire*.

RÉCAPITULATION

Du produit minimum des impôts sur les personnes

Impôt personnel.	L. st.	630 204
— des patentes	—	798 253
Surtaxes sur les professions. .	—	*Mémoire.*
Total	—	1 428 457

IV

Impôts divers

Les impôts divers qui frappent la propriété, ses produits, les personnes, le commerce et l'industrie sont très nombreux et très variés en Egypte. Leur perception donne lieu à beaucoup d'abus, et l'absence de statistiques spéciales, laisse de grandes difficultés pour en connaître le nombre exact, et surtout pour en évaluer le rendement réel. Cependant, comme nous tenons bien plus à donner des éléments d'appréciations pour faciliter des investigations qui n'auraient pas encore été faites, qu'à énoncer le chiffre exact du produit des diverses perceptions et exactions égyptiennes, nous allons indiquer tous les impôts et taxes que nous avons pu connaître, énoncer leur produit minimum, chaque fois que cela nous sera possible, en laissant à ceux qui ont le droit et le devoir de se faire renseigner, le soin de rechercher le rendement de ceux de ces impôts et taxes sur lesquels il nous est impossible de faire actuellement aucune évaluation.

Pour mettre un peu d'ordre dans ce chaos de taxes et d'impôts, dont la plupart sont illégalement assis et inégulièrement perçus, nous les classerons sous neuf titres différents, savoir :

1° Les droits de mutations.

2° L'enregistrement et le timbre.

3° Les gabelles.

4° L'*octroi* et les droits de circulation.

5° Les douanes.

6° Les droits de navigation.

7° Pêcheries et droits de pêche.

8° Droits judiciaires.

9° Taxes diverses.

LES DROITS DE MUTATIONS

Ces droits comprennent : 1° Une taxe de 5 0/0 dite *Droit de Mehkémé*, sur la valeur de tous les biens transmis à titre gratuit ou onéreux; 2° une taxe de 2 0/0 sur la valeur de toutes les propriétés mobilières ou immobilières données *en gage* ; 3° une taxe dite *El Eloula*, équivalente à 2 0/0 de l'impôt totalisé des 10 dernières années des terrains qui, sans sortir d'une même famille, nécessitent, soit à la suite du décès du chef de la famille, soit aux termes de l'ordre khédivial du 3 regheb 1282, une déclaration authentique de reconnaissance, soit des qualités des héritiers, soit des droits de jouissance qu'ils ont sur des terres appartenant en commun à tous les membres d'une même famille.

Pour évaluer le produit des trois taxes sus-énoncées, et connues ensemble sous la dénomination de *Droits de*

Mehkémé, il faudrait connaître la moyenne de la valeur des cessions de biens qui se font chaque année en Egypte, la moyenne de la valeur des biens et objets compris dans les contrats de gages réalisés chaque année, et enfin la moyenne des mutations par décès qui sont opérées chaque année en Egypte.

Ces moyennes ne nous sont pas connues, quant à présent, mais nous allons chercher à les induire de faits que nous croyons incontestables.

La vie moyenne en Egypte étant de 36 ans, il en résulte que tous les 36 ans la *totalité* de la propriété foncière doit changer de propriétaire. Donc, chaque année, il doit être perçu le droit de mutation sur la 36e partie de la surface totale des terrains de l'Egypte, soit sur 128,450 feddans, en ne considérant la propriété qu'en ce qui concerne la terre cultivée.

En estimant la valeur moyenne d'un feddan de terre à 10 L. st., ce qui n'est certes pas exagéré, on aura pour ces 128,450 feddans, une valeur totale de 1,284,500 L. st. dont le 5 0/0 donne la somme de :

64,225 L. st.

comme produit annuel du droit de mutation par suite de décès.

Ce chiffre devrait être augmenté des droits qui sont perçus sur les cessions de bien, à titre gratuit ou onéreux, lesquels droits nous ne pouvons évaluer, et que nous portons ici pour . . . . . *mémoire*

Les affaires de contrats de gages qui se passent devant

les greffiers des nouveaux tribunaux, les contestations sur contrats de cette nature qui sont arrivés devant la juridiction de ces tribunaux depuis leur établissement, et les nécessités que les exigences actuelles du fisc ont créées dans ces dernières années, nous permettent d'évaluer au quart du montant par nous admis pour les mutations par décès, le chiffre de la valeur des prêts sur gages qui se font annuellement en Egypte.

Sur cette base, le capital emprunté annuellement sur gages, sera de 321,125 L. st., et le droit de 2 0/0 sur ce capital donnera un produit annuel de 6,422 L. st., dont la modicité même prouve l'absence de toute exagération dans notre évaluation.

Reste à évaluer le produit du droit d'*El-Eloula*. Ce droit se percevant à raison de 2 0/0 de l'impôt totalisé des 10 dernières années, pour apprécier son importance il suffit de se rappeler que la moyenne la plus faible de l'impôt annuel d'un feddan est de 153 P. E. 1/2, *moukabala* déduite. Cette somme multipliée par 10 donne 1,535 P. E. dont le 2 0/0 égale 30 P. E. 7 0/0 pour chaque feddan soumis au droit. Supposons même, pour mettre toutes choses au pire, que cette perception se fasse à 25 P. E. seulement par feddan, et appliquant cette base, ainsi réduite à la valeur des 128,450 feddans, que la durée moyenne de la vie en Egypte nous indique comme devant chaque année changer de propriétaire, nous avons, de ce chef, une recette annuelle de :

3,211,250 P. É., soit 33,038 L. st.

RÉCAPITULATION

Du produit minimum des droits de mutations

Droits de mutation par décès. .	64,225 Liv. sterl.
— — sur les cessions.	*Mémoire.*
Droits sur les prêts sur gages.	6,422 — —
— d'*El Eloula*	33,038 — —
Total.	103,685 Liv. sterl.

ENREGISTREMENT ET TIMBRE

Les droits d'enregistrement et du timbre, autres que ceux déjà énoncés, se composent :

1° D'un droit de 2 1/2 0/0 du montant totalisé des fermages ou loyers de tous les immeubles loués ou affermés ;

2° D'un droit de 2 0/0 sur le montant des sommes énoncées dans tous les contrats de quelque nature qu'ils soient ;

3° D'un droit de timbre de 20 P. E. par chaque pétition ou requête présentée à une autorité constituée ;

4° D'un droit proportionnel de 2 0/0 pour timbre de tous les actes translatifs de propriété mobilière, lettres de change, billets à ordres, contrats de prêts, etc.

5° Et d'un droit fixe, mais augmentant avec la dimension du papier, pour les contrats, *hodgets*, etc.

On comprendra qu'il nous soit impossible d'indiquer aucun chiffre sur le produit probable de tous ces droits. Aucune statistique connue n'énonce de bases, même approximatives, qui pourraient permettre cette évaluation, nous nous résignons donc à porter cette cause de recettes pour *mémoire*, espérant qu'on nous saura gré d'avoir indiqué à qui de droit sur quelles pièces il y a lieu de porter des investigations pour trouver les chiffres qui nous manquent.

LES GABELLES

Sous ce titre, nous rapporterons ce qui a trait à l'impôt sur le sel, impôt le plus impopulaire et le plus vexatoire qu'on puisse imaginer, surtout dans un pays pourvu de salines naturelles sur tout son littoral nord, et dans lequel se trouvent des gisements de sel gemme, aussi nombreux qu'abondants et non exploités.

L'impôt du sel est perçu, à raison de 9 P. E. par tête, de tous les habitants sujets ottomans de l'Egypte, des deux sexes, y compris les enfants âgés de 7 ans et au-dessus.

En échange de cette somme le gouvernement égyptien devrait délivrer à chaque habitant une quantité déterminée de sel en nature, mais la plupart du temps ce sel n'est pas délivré, ou les greniers à sel sont si loin et si rares que les contribuables renoncent à le réclamer, ou enfin, le sel délivré est d'une qualité si inférieure que les Égyptiens ne peuvent s'en servir.

Nous avons vu que la population égyptienne, déduction faite des étrangers est de : individus. . . . 5,108,328

En déduisant de ce chiffre les militaires

A reporter. . . . 5,108,328

	Report. . . .	5,108,328
et les fonctionnaires qui échappent à l'impôt, ci.	36,000	
plus les enfants au-dessous de l'âge de 10 ans, ci.	940,000	
Au total à déduire, ci. . .	976,060	976,000
Il reste : individus.		4,132,328

soumis à l'impôt du sel ; ce chiffre est un minimum puisqu'il y aurait lieu d'y ajouter le nombre des enfants âgés de 7 à 10 ans, ce que nous ne faisons pas pour rester toujours au-dessous de la réalité.

Or, en multipliant le chiffre ci-dessus, par 9 P. E. qui sont perçues de chaque individu, on a un produit annuel pour l'impôt du sel de :

37,190,952 P. E., soit : 381,445 Liv. sterl.

L'OCTROI ET LES DROITS DE CIRCULATION

Sous ce titre nous rangerons toutes les taxes arbitraires que le gouvernement égyptien perçoit sous le nom de droits d'entrée, impôts sur les céréales, makhss, etc., et tous les droits de circulation officiellement connus.

L'octroi est perçu officiellement, aux termes de la circulaire n° 769 du 7 septembre 1871, à l'entrée des villes du Caire, d'Alexandrie, de Rosette et de Damiette, *sur toutes les denrées produits du pays destinés à la consommation.*

L'octroi est perçu clandestinement à *l'entrée de toutes*

les villes et de tous les villages d'Egypte qui peuvent fournir une recette suffisante pour l'entretien d'un employé.

Les mêmes marchandises payent autant de fois le droit qu'elles entrent dans une ville, un bourg ou un village où se trouvent les employés chargés de percevoir cette taxe.

Stipulé à 9 0/0 *ad valorem*, l'estimation faite par le fisc étant surélevée, la réalité est que le droit perçu se monte au minimum à 25 0/0 de la valeur des marchandises qu'on y soumet.

Enfin, sont soumis à cette taxe, non-seulement tous les objets de consommation, mais les fourrages, les combustibles, les matériaux de construction, et jusqu'à des produits du Soudan qui ne font que transiter par l'Egypte. (Voir circulaire n° 38, du 21 janvier 1874.)

De plus, toutes ces taxes sont augmentées d'un droit de pesage de 10 0/0 et d'un impôt de guerre de la même quotité.

Le détail des droits dits d'*octroi* devrait donc s'établir ainsi :

1° Octroi de la ville du Caire ;

2° Octroi de la ville d'Alexandrie ;

3° Et octroi des autres villes, bourgs et villages d'Egypte.

Pour évaluer le produit de l'octroi des villes du Caire et d'Alexandrie, nous n'avons que les chiffres constatés par les états publiés par les commissaires de la caisse de la dette publique. Ces états attestent un produit de

390,164 Liv. sterl., pour la ville du Caire, du 1er juillet 1876 au 31 décembre 1877 et de 184,453 Liv. sterl. pour la ville d'Alexandrie pendant la même époque.

Prenant ces chiffres pour bases nous trouvons que l'octroi de la ville du Caire donne un produit annuel

de.	260,000 Liv. sterl.
et celui de la ville d'Alexandrie, un produit annuel de.	122,772 — —
Resterait à ajouter les produits annuels des autres villes, bourgs et villages de l'Egypte pour lesquels nous manquons de renseignements statistiques, pourquoi,	*Mémoire.*
Total.	328,872 Liv. sterl.

Nous devons faire observer qu'on est convaincu, en Egypte, que les sommes versées sous le titre d'octroi à la caisse de la dette publique, ne représentent pas la totalité des produits des octrois du Caire et d'Alexandrie, car il est avéré que des dépenses irrégulières sont prélevées sur ces produits et que, notamment, on assure qu'une assignation au profit des dames du corps de ballet, ayant été refusée par M. le contrôleur général des dépenses, fut acquittée, en 1877, sur les produits de l'octroi du Caire.

Quant aux droits de *circulation* proprement dits, ils se composent, à notre connaissance :

1° Des taxes journalières révélées par la circulaire n° 118, du 21 février 1874, sur les marchandises, matériaux, etc., circulant dans les villes du Caire et d'Alexandrie, en prenant pour base des taxes à appliquer le chargement des bêtes de somme, voitures, charrettes ou camions.

2° Et des taxes annuelles révélées par la circulaire n° 171, en date du 12 mars 1874, sur les voitures, chevaux, mulets, baudets, chameaux, bœufs, camions, charrettes, etc., à l'usage du commerce, de l'industrie, de l'agriculture et même des particuliers.

Les premières de ces taxes sont indiquées pour 23 cas prévus et varient de 0 P. E. 5 paras à 6 P. E.; elles s'appliquent aux chargements des bêtes de somme, voitures, charrettes, etc., servant aux négociants et aux industriels pour transporter les marchandises de leur commerce ou de leurs industries, servant aux entrepreneurs pour le transport de leurs matériaux. Les différences de taxes sont basées sur la nature des animaux attelés ou chargés, et selon la nature des chargements. Ces taxes sont exigibles à chaque sortie en ville, et elles sont augmentées d'un droit de timbre pour la quittance.

En ce qui concerne les secondes taxes énoncées ci-dessus, elles ne sont payables qu'annuellement; leur importance est ainsi fixée par la circulaire précitée :

1•308 P. E. 21 Paras, par voit. à 4 roues et à 2 chev. à l'usage du propriétaire.

151	»	12	»	*id.*	à 2 roues et à 1 chev.	*id.*
231	»	18	»	*id.*	à 4 roues et à 1 chev.	*id.*
61	»	20	»		par cheval ou mulet	*id.*

46 P. E.	» Paras		par âne	id.	
2·231	» 18	»	par voit. à 4 roues et à 2 chev. de louage		
154	» 12	»	id. à 2 — 1 chev.	id.	
175	» »	»	par charrette à 2 bêtes (sic) transportant de la terre		de louage
100	» »	»	id. à 1 bête	id.	de louage
141	» »	»	id. transportant marchandises		de louage
160	» »	»	id. à 2 bêtes	id.	de louage
77	» 06	»	id. à 1 chev. ou mulet transportant de l'eau		de louage
30	» »	»	id. à 1 âne, trans. terre, march. ou eau		de louage
130	» »	»	par voiture à 4 roues servant à dresser les chevaux		
3· 51	» »	»	par chev. ou mulet employé aux constructions ou à l'industrie		
82	» »	»	par bœuf, vache, ou autres semblables (sic) employé aux construc. ou à l'indus.		
120	» »	»	par chameau	id.	
et 37	» »	»	par âne	id.	

Le commerce, l'industrie et les entreprises des deux principales villes d'Egypte étant fort considérables, les chevaux, voitures et montures circulant dans ces villes étant très nombreux, on comprendra que ces deux sortes de taxes doivent produire des sommes importantes au trésor égyptien, mais nous n'avons pu nous procurer les renseignements suffisants pour pouvoir les évaluer. Par un recensement des chevaux, chameaux, mulets, ânes, voitures, charrettes, etc., qui se trouvent au Caire et à Alexandrie, on arriverait facilement à établir le produit des taxes annuelles; par les registres de l'octroi et le même recensement on trouverait le produit des taxes journalières, et comme nous n'avons ni l'autorité, ni les moyens de nous livrer à ces investigations, nous nous contentons d'avoir indiqué ces taxes et la manière dont elles sont perçues.

LES DOUANES

En ce qui concerne les douanes des villes d'Alexandrie, Suez et Port-Saïd, nous avons les énonciations des états de la caisse de la dette publique qui nous permettent d'évaluer le revenu minimum annuel de ces trois bureaux de douane.

D'après les dits états les trois douanes précitées ont donné, du 1er juillet 1876 au 31 décembre 1877, la somme de 684,433 L. st., ce qui fait que la moyenne des recettes de ces trois bureaux pendant un an est de :

456,288 L. st.

Mais il est à observer que la commission de la caisse de la dette publique a élevé des réclamations au sujet de sommes qui auraient été versées à d'autres qu'à la caisse de la dette, par l'administration de la douane de Suez, et qu'il existe des bureaux de douane à Rosette, à Damiette, à Cosseïr, à Souakin et à Syouth pour lesquels on ne sait rien de leur produit.

LES DROITS DE NAVIGATION FLUVIALE

Cette catégorie d'impôts comprend :

1° La taxe fixe sur chaque bateau du Nil et des canaux pour la délivrance de la *plaque* de tonnage.

2° La taxe annuelle sur chaque ardeb de capacité des dits bateaux.

3° Les péages des écluses sur les canaux.

Et 4° Les péages des ponts de Kasr-el-Nil, des deux barrages des ponts de Benha et de Kafre-Zaïatt.

Pour la première taxe, nous savons qu'elle est de 100 P. E. par bateau, et que tout bateau non muni de sa plaque réglementaire paye double droit au passage des écluses et des ponts. Or, comme il est impossible de naviguer sur le Nil ou les canaux sans avoir à franchir au moins un de ces ouvrages, il est rationnel de penser que tous les bateaux sont munis de leur plaque pour éviter une surtaxe qui dépasserait bien vite le montant du droit fixé.

La statistique officielle porte qu'en 1873, il y avait 9,563 bateaux sur le Nil jaugeant ensemble 117,286 ardebs et montés par 36,287 hommes d'équipage.

En appliquant aux 9,563 bateaux du Nil la taxe de la plaque (*Safieh*) nous voyons que cette taxe produit 936,300 P. E., qui divisées par 10 ans, durée moyenne d'un bateau du Nil, donne une recette annuelle de 93,630 P. E. soit 980 L. st.

La taxe annuelle sur le tonnage des bateaux du Nil est facile à évaluer, car nous savons qu'elle est d'une P. E. par *ardeb* de capacité, ce qui fait pour les 117,286 ardebs déclarés par la statistique une somme annuelle de 117,286 P. E. soit 1,203 L. st.

On appréciera l'importance de la recette produite par

le péage des écluses sur les canaux, par le seul fait que le pont de Kasr-el-Nil produit une recette moyenne de 2,000 L. st. par mois, soit de 24,000 L. st. par an ; cependant les droits de péage *sous* ce pont ne sont que de moitié de ceux perçus aux écluses du canal Mahmoudieh pendant l'inondation, et du quart de ceux perçus aux mêmes écluses pendant l'étiage.

Mais les écluses du canal Mahmoudieh ne sont pas les seules produisant de fortes recettes ; il y a, en outre, celles de plusieurs canaux dans la Basse-Egypte, et celles, si nombreuses, du canal d'eau douce allant du Caire à Ismaïliah ; c'est pourquoi nous croyons être bien au-dessous de la vérité en évaluant les recettes annuelles des péages des écluses sur les canaux à la somme de 36,000 L. st.

Pour ce qui est des péages des ponts, il faut observer que toutes les barques ou bateaux passant sous le pont de Kasr-el-Nil doivent provenir de la Basse-Egypte, car les bateaux venant de la Haute-Egypte ou s'y rendant, débarquent ou chargent, soit au Vieux-Caire, soit à Djizeh, soit même en amont du pont de Kasr-el-Nil, justement pour éviter le péage. D'où suit qu'il faut admettre que les barques passant sous le pont de Kasr-el-Nil viennent des deux branches du Nil de Rosette et de Damiette ; on peut même admettre que ces bateaux viennent par nombre égal de chacune de ces branches, sans risquer d'altérer les résultats de nos calculs, puisque sur chacune de ces branches il y a un pont du chemin de fer et un barrage du Nil, pour le passage desquels il est perçu les mêmes taxes.

Donc étant donné le produit annuel du passage du pont de Kasr-el-Nil, d'après les états de la caisse de la dette publique, ci. . . . . 24,000 L. st.

On aura pour les deux ponts des barrages, somme égale, ci . . . . 24,000 L. st.

Et pour les deux ponts du chemin de fer, aussi somme égale, ci. . . . . . . 24,000 L. st.

Soit au total. 72,000 L. st.

Et ce total lui-même devrait être augmenté du péage perçu sur les barques naviguant entre Alexandrie et le Caire sans jamais passer le pont de Kasr-el-Nil.

RÉCAPITULATION

Des droits de navigation fluviale

Droit fixe pour plaques des bateaux.	980 L. st.
Droits annuels sur le tonnage des bateaux	1,203 —
Droits de passage aux écluses des canaux.	36,000 —
Droits de passage des ponts et barrages	72,000 —
Total.	110,183 L. st.

PÊCHERIES ET DROITS DE PÊCHE

Sous ce titre nous réunissons deux causes importantes de recettes du budget égyptien, savoir :

1° La ferme de la pêche des lacs de la Basse-Egypte, dite Matarieh ;

2° Les redevances sur la pêche du Nil, des canaux, des lacs et des étangs temporaires de l'Egypte.

Pour la Matarieh nous prendrons les versements faits sous ce titre à la caisse de la dette publique, comme base de nos évaluations ; ces versements ont été de 45,625 L. st. pour 18 mois (de juillet 1876 au 31 décembre 1877), ce qui fait que la moyenne annuelle de ce fermage serait de 30,417 L. st.

Mais, il est à remarquer que cette somme ne représenterait; dans tous les cas, que le fermage de la pêche du lac Menzaleh, et qu'il y a des pêcheurs sur les autres lacs du littoral nord de l'Egypte, lesquels pêcheurs, ou sont assujettis à des redevances, ou payent des fermages qui devraient s'ajouter à la somme ci-dessus.

Quant à la pêche fluviale et des canaux, il nous serait difficile d'en évaluer le produit fiscal, faute de données positives sur son rendement. Cependant, il peut être utile de signaler ici les redevances qui sont imposées aux pêcheurs : la principale est égale à 50 0/0 du produit brut de la pêche. Pour assurer la rentrée d'une perception aussi onéreuse pour les malheureux pêcheurs, il leur est interdit, sous des peines très sévères, de vendre leur poisson ailleurs qu'au port indiqué par le fisc devant chaque ville ou bourg important ; à l'arrivée de chaque bateau de pêche, le poisson est débarqué, puis vendu aux enchères à des revendeurs qui le portent en ville, et le fisc perçoit la moitié du produit de la vente. Il perçoit, en outre, 1 P. E. pour droit de dépôt du poisson, 2 P. E. pour droit de criée, 1 P. E. pour enregistrement de la vente, 1 P. E. pour timbre de la quittance et 5 P. E. pour le chef du port, soit au total 10 P. E. à prélever sur l'autre moitié du produit. De tels droits sont tellement exorbitants qu'il est naturel que le nombre des pêcheurs n'augmente pas, mais ceux qui ont le courage d'exercer cette profession procurent au gouvernement une recette qui ne pouvait être passée sous silence. La statistique de 1873 évaluait cette recette pour l'année 1872 à 6.106 bourses égyptiennes soit 303,300 P. E. égalant 3,131 L. st. ; nous acceptons donc ce chiffre bien qu'il ne nous paraisse pas suffisamment élevé, pour représenter les droits actuels de pêche du Nil.

RECAPITULATION

Du produit minimum des fermes et redevances

DE LA PÊCHE DES LACS DU NIL

Matarieh.	30,417	Liv. sterl.
Pêche du Nil, etc.	3,131	— —
Total. . . .	33,548	Liv. sterl.

DROITS JUDICIAIRES

Les perceptions qu'on peut réunir sous ce titre sont de deux sortes :

1° Tous les droits, frais, etc., payés pour les actes

reçus ou dressés par les greffes des nouveaux tribunaux, les huissiers et le greffe de la cour d'appel.

2° Et les droits de poursuites et de recouvrements devant les administrations locales, les conseils de justice indigènes et le tribunal du cadi.

Un tableau de statistique officielle, joint au *Moniteur égyptien* du 14 février 1878, constate que les perceptions effectuées par les tribunaux de la réforme judiciaire du 1er février au 31 octobre 1876 ont été de la somme totale de 2,885,485 P. E. 28 paras, soit, pour 8 mois, une moyenne mensuelle de 360,685 P. E. 28 paras, donnant pour un an 4,328,228 P. E., 16 paras, égalant 44,392 Liv. sterl.

Or, il faut savoir que les perceptions de ces huit premiers mois de fonctionnement de la réforme judiciaire, sont très au-dessous de celles réalisées pour l'année 1877, d'abord parce que les droits proportionnels sur le montant des condamnations ne se payant qu'après jugement rendu, on ne put payer ces droits en 1876 que sur 4,089 jugements prononcés, sur 7,970 affaires inscrites; et ensuite, parce que contrairement à la loi fondamentale de la réforme judiciaire, le gouvernement égyptien a imposé en 1877, un nouveau tarif de frais de justice qui augmente considérablement le produit de ces frais devant les tribunaux de la réforme. Il y a donc eu certainement, pour l'année 1877, une somme de perceptions supérieure à celle que nous admettons, mais comme il s'agit de la seule administration d'Egypte, assez européenne pour être sûr d'avoir des comptes en règle et exacts, il serait facile de se procurer le vrai total de recettes pour 1877.

Pour ce qui concerne les droits de poursuites et de recouvrement devant les administrations et les conseils indigènes, il y a lieu de les diviser en trois catégories distinctes :

1° Les droits de comparution (*Elm-Taleb*) qui sont exigés de quiconque demande la comparution, en matière sommaire ou administrative, de quelqu'un devant les bureaux de police, les gouverneurs, les moudirs, etc.

2° Les droits exigés pour tous les actes se rapportant aux contestations entre indigènes portées devant les bureaux de police, les *mégliss* et les *mehkémés*, et toutes les amendes prononcées par ces administrations, conseils ou tribunal.

3° Et les droits proportionnels perçus par les administrations, *mégliss* et mehkémé, sur toutes sommes recouvrées à la suite de contestations portées devant eux.

Le droit d'*Elm-Taleb* (mot à mot : avis de demande) était autrefois de 2 P. E. par personne assignée. Pour quiconque connaît comment à propos de la moindre chose un indigène fait comparaître un autre indigène devant la police, la moudirieh ou le mehkémé, il sera facile d'avoir une idée de l'importance de la somme perçue chaque jour par ces administrations dans toute l'Egypte ; pour nous, en l'absence de documents sûrs, nous sommes réduits à n'enregistrer cette cause de recettes que pour *mémoire*.

Les frais de justice exigés des indigènes dans leurs contestations devant les administrations, les *mégliss* et les *mehkémés* doivent produire aussi une somme importante, cependant, en cette matière, il y a tant d'irrégularités qu'il nous est impossible d'indiquer aucune base de ces frais ; rien n'a été publié sur ce sujet, et la position de fortune des plaideurs, le bon plaisir des fonctionnaires, modifient et aggravent tellement ces perceptions, que si on est en droit de supposer qu'elles ont une certaine importance, il est impossible d'en évaluer le chiffre si on n'a pas le droit et la possibilité de compulser les registres de recettes des diverses administrations qui nous occupent. On aura une idée du nombre des affaires portées devant les *mégliss* et les *mehkémés* en rappelant ici que la statistique officielle de 1876 indique le nombre de 24,430 affaires portées devant les *mégliss*, et de 41,129 affaires portées devant les mehkémés pour la seule année 1876. Or, dans ces chiffres ne sont pas comprises les affaires terminées sommairement et qui sont plus du quintuple de celles qui se résolvent par sentences.

Dans les 65,559 affaires portées devant les *mégliss* et les *mehkémés* en 1876, il y a eu 20,793 affaires pénales pour lesquelles le gouvernement égyptien a dû percevoir une somme d'amendes considérable, puisqu'il est de principe que ces sortes d'affaires, et même les plus légères contraventions, donnent lieu à l'application d'amendes, hors de toute proportion par leur chiffre élevé avec tout ce que l'on connait en Europe de cette pénalité. Il y a donc, de ce chef, un chiffre important de recettes, non connu de nous et que nous portons pour *mémoire*.

Nous sommes obligés de porter aussi pour *mémoire* le montant annuel des droits proportionnels de 2 0/0 perçus sur toute somme recouvrée à la suite de contestations ou même d'une simple comparution du débiteur et du créancier devant les autorités locales.

RÉCAPITULATION

Du produit minimum des frais de justice

Réforme judiciaire.	44,392 Liv. sterl.
Police, moudiriehs, mehkémés, etc.	*Mémoire.*
Amendes judiciaires	*id.*
Droits proportionnels de recouvrements	*id.*
Total.	44,392 Liv. sterl.

TAXES DIVERSES

Nous énumérerons sous ce titre une série de droits et de taxes que nous n'avons pas cru pouvoir classer dans les titres précédents, savoir :

1° Droits sur les tabacs ;

2° Courtage sur les ventes de bétail dans les marchés ;

3° Taxe sur les moutons de boucherie, et droits d'abattoirs ;

4° Droits des peseurs publics ;
5° Droits de poinçon sur les objets d'orfèvrerie ;
6° Visa des registres des commerçants ;
7° Timbre sur les objets manufacturés en Egypte ;
8° Droits sur les bacs du Nil et des canaux ;
9° Péages *sur* les ponts ;
10° Droits pour les pompes à incendie ;
11° Droits pour les permis d'inhumation ;
12° Droits sur les mariages et les divorces ;
13° Et exonération militaire.

DROITS SUR LES TABACS

Ce droit est de 20 P. E. (5 fr. 18) par oke (1,250 gr.)

Selon le rapport de la commission de la caisse spéciale de la dette publique, cet impôt a rapporté 159,115 L. st. pour dix-huit mois, soit une moyenne annuelle de 106,777 Liv. sterl.

Nous ferons observer que, vu la quantité de tabac consommée en Egypte, où tout le monde fume (hommes, femmes et même les enfants), le chiffre indiqué par la commission est évidemment au-dessous de la réalité, puisqu'il ne représente que 517,125 okes pour une population de fumeurs de plus de 4 millions d'individus. Donc, ou tout le produit du droit sur le tabac n'est pas versé à la caisse de la dette publique, ou il se fait sur cet objet des détournements de droits considérables ; pour nous, nous sommes convaincus qu'il y a ces deux causes à admettre si on veut s'expliquer la modicité du chiffre indiqué par la caisse de la dette publique.

DROIT DE COURTAGE SUR LES VENTES DE BÉTAIL DANS LES MARCHÉS

Ce droit est de 4 0/0 de la valeur de l'animal vendu sur un marché égyptien.

Pour avoir une idée du produit de cet impôt, nous constatons que la statistique officielle indique qu'il a été abattu pour la consommation publique en Egypte pour l'année 1872 :

18,036 bœufs ou vaches.
10,307 buffles.
288,005 moutons.
2,137 chameaux.
2,500 veaux, porcs, buffions, etc.

Nos renseignements personnels nous permettent de fixer la valeur moyenne d'un bœuf ou d'une vache à 10 Liv. sterl., d'un buffle à 8 Liv. sterl., d'un mouton à 1 Liv. sterl., d'un chameau (pour la boucherie) à 6 Liv. sterl., et des menus animaux à 1 Liv. sterl. 1/2.

En admettant les chiffres de la statistique comme moyennes annuelles des animaux de boucherie en Egypte nous aurons pour la valeur de ces animaux, savoir :

18,036 bœufs ou vaches,	à 10 L. st. l'une. .	180,360 L. st.
10,307 buffles	à 8 — l'un . .	82,456 —
288,005 moutons,	à 1 — — . .	288,005 —
	A reporter. . . .	550,821 L. st.

		Report. . . .	550,821 L. st.
2,137 chameaux,	à 6	— — . .	12,822 —
et 2,500 mêmes animaux,	à 1	— 1/2 — . .	3,885 —
Soit une valeur totale de.			567,528 L. st.
Dont le 4 0/0 de droits perçus est de. . . .			22,701 L. st.

Ce chiffre ne saurait être contesté, car s'il est vrai que dans le nombre des bœufs abattus en Egypte pour la boucherie, il en est qui proviennent de l'étranger et qui, par conséquent, n'ont pas été achetés sur les marchés égyptiens, il n'est pas moins vrai qu'il y a un grand nombre d'animaux de boucherie qui sont achetés sur les marchés, et qui sont abattus dans l'intérieur des maisons, d'une façon clandestine pour ainsi dire, et dont les auteurs de la statistique officielle des *abattoirs publics* ne pouvaient avoir connaissance.

Les animaux de boucherie ne sont pas les seuls qui se vendent sur les marchés et pour lesquels on paye le droit de courtage, les animaux de travail, les chevaux, les mulets, les ânes et les chameaux donnent lieu à d'innombrables transactions sur tous les marchés égyptiens et nous pensons ne pouvoir être taxés d'exagération en évaluant au même chiffre de 22,701 L. st. le droit de 4 0/0 sur les ventes des animaux de luxe et de travail.

Donc, nous sommes en droit de dire que le droit de courtage qui nous occupe, rapporte annuellement au trésor égyptien la somme de :

45,402 L. st.

TAXES SUR LES MOUTONS DE BOUCHERIE

En plus du droit de courtage dont nous venons de parler, tous les moutons abattus pour la consommation sont assujettis à un droit fixe de 5 P. E. par tête, qui est exigé avec une grande rigueur des propriétaires de ces animaux.

Admettant encore pour cette taxe les données bien certainement insuffisantes de la statistique de 1872, nous trouvons pour 288,005 moutons, une perception annuelle de 1,440,025 P. E. équivalant à :

14,769 L. st.

DROITS D'ABATTOIRS

Ces droits se composent de taxes diversement dénommées et qui se montent ensemble au minimum de 25 P.E. par tête de bétail abattu. Ce total appliqué aux 33,070 bœufs, vaches, buffles, chameaux, etc., reconnus par la statistique de 1872 donne un produit annuel de 826,750 P. E. soit 8,479 L. st.

Nous devons faire observer que les taxes d'abattoirs sont perçues sur tous les animaux, même sur ceux achetés à l'étranger, et que le chiffre de 25 P. E. pris pour base de nos calculs est une moyenne souvent dépassée dans la pratique.

DROITS DES PESEURS PUBLICS

Ces droits sont perçus par les peseurs publics sur toutes les opérations commerciales dans lesquelles il y a lieu soit de mesurer, soit de peser des marchandises. Ils varient selon la nature des marchandises, ils sont augmentés d'un droit de timbre et d'une surtaxe de guerre, mais nous n'avons aucun élément pour évaluer le produit, pourquoi . . . . . *mémoire*.

DROIT DE POINÇON SUR LES MATIÈRES D'OR ET D'ARGENT

Pour ce droit nous sommes aussi sans aucun document certain. Nous savons qu'il se compose d'un droit fixe qui est perçu lors du poinçonnage, et d'une taxe de 10 0/0 qui est perçue, lors de la vente, sur la valeur de chaque objet vendu. Dans toutes villes d'Egypte il y a des orfèvres, au Caire et à Alexandrie ils occupent un quartier spécial du Bazar, et les objets d'or et d'argent qu'ils fabriquent donnent lieu à un chiffre d'affaires considérable. Nous laissons donc à qui de droit, le soin de trouver le quantum annuel de cet impôt, et nous le portons ici pour...*mémoire*.

DROIT DE VISA DES REGISTRES DES COMMERÇANTS

Ce droit est de 20 P. E. par registre, c'est tout ce que nous pouvons en dire. Au reste le produit d'un tel droit ne peut avoir une grande importance dans un budget aussi considérable que celui de l'Egypte.

TIMBRE DES OBJETS MANUFACTURÉS

L'impôt perçu sous ce titre est très important par son produit. On l'applique à tous les objets manufacturés en Egypte, et pour deux provinces et sur les étoffes seulement, le gouvernement avoue une perception totale annuelle de 266,118 P. E. soit une moyenne de 133,059 P. E. par province. Sans autre renseignement, si nous appliquons cette moyenne aux 13 provinces de l'Egypte (non compris les gouvernorats) nous trouvons une recette annuelle de 1,729,757 P. E. soit 17,741 L. st. rien que pour le droit de timbre sur les étoffes.

Ce chiffre devrait être augmenté du produit de toutes les taxes qui sont perçues sur les objets manufacturés ou produits du pays, taxes qui sont aussi nombreuses qu'importantes. Ainsi, rien que sur les produits tirés du palmier et sur leurs transformations on compte six taxes spéciales : 1° une taxe sur les branches brutes de l'arbre, *djérids* ; 2° une taxe sur les feuilles ; 3° une seconde taxe sur le bas des branches dont on fait des balais ; 4° une taxe sur la fibre qu'on retire entre les branches de l'arbre, *liff ;* une taxe sur les paniers faits avec les feuilles, *couffes*, *mazabels*, etc. ; et enfin une taxe sur les cages, bancs et caisses d'emballages faits avec les branches de l'arbre, *cafass*.

Cette simple énumération prouve combien nous passons sous silence de taxes égyptiennes, faute de documents, et combien, par suite, nos évaluations restent au-dessous de la réalité.

DROITS SUR LES BACS DU NIL ET DES CANAUX

Le droit perçu est du tiers de la recette brute de ces bateaux. Il est augmenté de droits de timbre et de surtaxe de guerre. Il se perçoit soit par abonnement mensuel, soit, le plus souvent, sur chaque voyage des bacs d'une rive à l'autre.

Nous sommes encore en présence d'une grande source de revenus pour l'Egypte, sur laquelle nous ne pouvons faire aucune évaluation. En se rappelant combien de canaux sillonnent l'Egypte, combien de villages sont établis sur les deux rives du Nil et même dans les îles, sans autre communication possible pour les habitants, leurs animaux et même les produits agricoles, que les bacs publics, on aura une idée du mouvement de ces bateaux et de l'importance des recettes qu'ils doivent faire. C'est tout ce que nous pouvons en dire, persuadés que nous sommes qu'on trouvera, quand on le voudra, le montant de cette cause de recettes.

PÉAGES SUR LES PONTS

Ces péages existent aux deux barrages du Nil, et au pont du chemin de fer à Kafre-Zaïatt. Celui du pont de Kasr-el-Nil a été récemment supprimé. Nous n'avons aucune donnée pour évaluer le produit de ces péages.

DROIT POUR LES POMPES À INCENDIE

Nous mentionnons ce droit, bien moins pour arriver à en évaluer le produit, puisqu'il n'y a des pompes qu'au Caire et à Alexandrie, que pour signaler une de ces taxes abusives dont le gouvernement égyptien semble avoir seul le secret. Ce droit est imposé aux indigènes q[illegible] le malheur d'être victime d'un incendie, et qui ont le bonheur de voir arriver, souvent trop tard, les pompiers à leur secours. Pour ce service il leur est réclamé 500 P. E.

PERMIS D'INHUMATIONS

Aucun permis d'inhumation n'est délivré sans le payement préalable d'une taxe de 25 P. E. par décédé.

La mortalité générale de l'Egypte étant d'après la statistique officielle de 2, $\frac{64}{100}$ pour 0/0 de la population totale, si nous appliquons ce chiffre à la totalité de la population indigène d'Egypte, soit à 5,272,061 individus, nous voyons qu'il meurt chaque année 139,182 indigènes pour lesquels il est payé au trésor la somme de

3,479,550 P. E. soit 35,687 L. st.

DROITS SUR LES MARIAGES ET LES DIVORCES

Nous ne parlons de ces droits que pour *mémoire*, parce qu'ils ont été perçus, puis supprimés plusieurs fois, et qu'ils peuvent être compris, surtout pour les divorces, dans les droits de *Mehkémehs*.

EXONÉRATION MILITAIRE

Cette taxe est de 100 L. égyptiennes valant 10,000 P. E. égalant 112 L. st. par exonéré.

Dire quelle somme est perçue chaque année pour cette cause serait bien difficile, tant par suite de l'irrégularité de cette perception que par suite de la répétition des levées d'hommes qui sont faites par le gouvernement égyptien. Les écritures relatives aux opérations du recrutement militaire sont si mal faites qu'il n'est pas rare de voir le même individu ayant été obligé de payer plusieurs fois la taxe d'exonération, ce qui ne le met pas toujours à l'abri d'un nouvel appel.

Donc de ce chef, grandes recettes, et grand désordre.

V

Chemins de fer égyptiens et Ports d'Alexandrie

Les revenus des chemins de fer égyptiens sont constatés par l'état des versements faits à la caisse de la dette publique, et par un rapport de M. le général Mariott, directeur général des chemins de fer égyptiens.

Il résulte de ce rapport que pendant l'année 1877 les revenus nets des chemins de fer ont été amoindris et au-dessous de leur chiffre normal, notamment à cause de charges antérieures à l'année 1877 et qui ont été prélevées sur les revenus de ladite année.

Nous admettons, néanmoins, les versements faits à la caisse de la dette publique pendant l'année 1877 comme chiffre des revenus moyens annuels des chemins de fer égyptiens, bien que nous ayons de bonnes raisons de penser que, notamment pour le chemin de fer de la Haute Egypte, le produit n'a pas été en 1877 ce qu'il aurait dû être.

Le total des sommes versées par l'administration des

chemins de fer égyptiens à la caisse de la dette publique en 1877, a été de 602,990 Liv. sterl.

PORTS D'ALEXANDRIE

De ce chef il y a des taxes très-nombreuses qui font partie des revenus publics de l'Egypte : ce sont des droits de pilotage, d'ancrage, de phare, etc.; mais ces sommes étant, jusqu'à ce jour, retenues par la compagnie anglaise qui a endigué le port d'Alexandrie, nous ne rappelons ces taxes que pour *mémoire*.

VI

Nous arrêtons à ce point l'énumération des impôts et taxes perçus annuellement par le gouvernement égyptien; nous n'avons pas la prétention de les avoir toutes énoncées, mais telles que nous avons pu les connaître et telles que nous avons pu les évaluer, elles peuvent servir d'élément à une étude plus approfondie et plus complète, pour laquelle l'autorité et les documents nous font complètement défaut.

RÉCAPITULATION GÉNÉRALE
DES PRODUITS ANNUELS
DES
IMPOTS ET TAXES ÉGYPTIENS

Catégorie	Nature	Produits	Totaux
Impôts fonciers..	Terres ochouris.....	595.714 L. st.	8.188.312 L. st.
	Id. Haradjs......	7.348.219	
	Sur les palmiers.....	211.048	
	Sur les maisons rurales	28.193	
	Aouaj-el-ammelak..	*Mémoire.*	
	Fabrique d'huile.....	5.138	
Impôts sur les personnes......	Impôt personnel.....	630.204 L. st.	1.428.457 L. st.
	— dit des patentes	798.253	
	— sur les professions manuelles.....	*Mémoire.*	
Droits de mutation..........	Droits de mutation par décès.........	61.225 L. st.	103.685 L. st.
	Id. sur les cessions..	*Mémoire.*	
	Id. sur les prêts sur gages.............	6.422	
	El Eloula............	33.038	
Enregistrement et timbre.......	Contrats de louage d'immeubles......	*Mémoire.*	*Mémoire.*
	Contrats en général..	*Id.*	
	Timbre des pétitions.	*Id.*	
	Timbre des lettres de change, billets, etc.	*Id.*	
	Papiers timbrés divers	*Id.*	
Gabelles........	Impôt sur le sel......	381.443 L. st.	381.443 L. st.
Octroi et droits de circulation...	Octroi du Caire......	260.100 L. st.	382.872 L. st.
	Id. d'Alexandrie..	122.772	
	Id. dans les autres villes, bourgs et villages...	*Mémoire.*	
	Taxe de circulation sur les marchandises.............	*Id.*	
	Taxe de circulation sur les animaux et les véhicules......	*Id.*	
		A reporter.....	10.484.771 L. st.

		Report.....	10.484.771 L. st.
Douanes........	Douane d'Alexandrie.	456.288 L. st.	456.288 L. st.
	Douanes de Rosette, Damiette, Syouth, Cosseïr, etc.	*Mémoire.*	
Droits de navigation fluviale..	Plaques des bateaux.	980 L. st.	110.183 L. st.
	Droit de tonnage....	1.203	
	Droit des écluses....	36.000	
	Id. des ports et barrages........	72.000	
Pêcheries et droits de pêche fluviale.	Matarieh............	30.417 L. st.	33.548 L. st.
	Pêche du Nil, etc.....	3.131	
Frais de justice.	Réforme judiciaire...	44.393 L. st.	44.393 L. st.
	Police, moudirieh, etc.	*Mémoire.*	
	Amendes judiciaires.	*Id.*	
	Droits de recouvrements...........	*Id.*	
Taxes diverses..	Droits sur les tabacs.	108.077 L. st.	228.155 L. st.
	Courtage sur les ventes d'animaux dans les marchés......	45.402	
	Taxe sur les moutons..	14.769	
	Droits d'abattoirs....	8.479	
	Peseurs publics......	*Mémoire.*	
	Matières d'or et d'argent..............	*Id.*	
	Visa des registres de commerce.........	*Id.*	
	Timbre des objets manufacturés en Egypte.............	17.741	
	Bacs du Nil..........	*Mémoire.*	
	Péage sur les ponts..	*Id.*	
	Permis d'inhumation.	35.687	
	Mariages et divorces.	*Mémoire.*	
	Exonération militaire.	*Id.*	
Chemins de fer et ports........	Chemins de fer.........	607.990 L. st.	607.990 L. st.
	Ports d'Alexandrie...	*Mémoire.*	
		TOTAL GÉNÉRAL......	11.960.287 L. st.

Onze millions neuf cent soixante mille deux cent quatre-vingt-sept livres sterling, soit 302,042,302 francs.

Ainsi, en prenant le minimun de toutes les perceptions, en passant sous silence vingt et une causes de recettes, nous arrivons à prouver que le gouvernement égyptien encaisse chaque année près de 12 millions de livres sterling, lorsqu'il provoque une enquête officielle, sous prétexte que son pays ne saurait pourvoir aux six millions sterling, environ, nécessaires pour acquitter les charges que sa mauvaise administration a accumulées !... Pour nous, en présence du chiffre que nous avons trouvé, en présence des vingt-une causes de recettes portées pour *mémoire*, et avec les omissions que nous n'avons pu manquer de faire, nous n'hésitons pas à déclarer que nous restons convaincu que le chiffre réel des ressources du trésor égyptien est 13 millions de livres sterling. C'est, du reste, la somme de revenu annuel attribué à l'Egypte par tous ceux qui connaissent ce pays.

Un tel chiffre se trouve corroboré par l'aveu fait autrefois par l'ancien ministre des finances « qu'une certaine année il avait encaissé 13 millions de livres sterling. » En effet, nous avons dit qu'en l'année 1876 il fut perçu 1/4 du total des impôts fonciers, en plus, à titre de secours à cause des terrains n'ayant pas été touchés par l'inondation de 1875; ce quart équivaut à 1,985,983 L. st. qui ajouté aux 13 millions habituels font bien la somme que le ministre des finances se vantait d'avoir fait payer en un an au peuple égyptien.

Mais nous n'avons pas indiqué toutes les sources de revenus de l'Egypte ; nous n'avons pas parlé des revenus du Soudan estimés, par les officieux eux-mêmes, à 40,000 L. st. par an ; nous n'avons rien dit de ces propriétés du gouvernement égyptien, distinctes de celles du domaine public ottoman, que cependant les nouveaux tribunaux ont déclarées insaisissables, et que le khédive aliène irrégulièrement, au profit de quelques privilégiés, mais au détriment des créanciers de l'Egypte, et ce en violation de la loi internationale de la réforme judiciaire, que le khédive et le gouvernement égyptien ont pris l'obligation de respecter.

Donc la somme de 13 millions sterling a été régulièrement encaissée chaque année, depuis nombre d'années. De plus, on nous assure qu'en dépit des investigations et des efforts de la commission supérieure d'enquête, toutes ces perceptions continuent d'être effectuées ; que dans certaine moudirieh l'impôt foncier de l'année courante aurait été secrètement et en entier recouvré ; que la caisse du *Rouznamé* (caisse des veuves et des orphelins) est en découvert de fortes sommes ; qu'aucune créance n'est payée, que par suite les dettes augmentent, que les travaux dispendieux et inutiles sont continués, et l'Europe laisserait faire ?... Cela nous paraît impossible !

Il est donc grand temps que les puissances européennes se décident à mettre un terme à toute cette situation anormale et véritablement scandaleuse ; il est temps qu'elles fassent respecter leurs signatures apposées au bas de traités relatifs à la réforme judiciaire, traités que le khédive méconnaît en refusant d'exécuter les sentences des tribunaux internationaux auxquels il s'est formellement soumis.

Il est temps, enfin, que des mesures soient prises pour que, par une répartition équitable des impôts, par la suppression de taxes arbitraires, on laisse un peu de répit à ce peuple égyptien réduit à la dernière des servitudes, et qui par son épuisement final amènerait la ruine des intérêts européens.

On l'a vu, un grand nombre de taxes perçues sont illégales, mais le surcroît de ressources est si considérable, les sommes entassées et les propriétés acquises par le khédive ont une telle importance, qu'on peut, qu'on doit exiger, avec un dégrèvement notable des impôts actuels, le payement immédiat de toutes les créances liquides, judiciaires et autres, et il restera toujours plus de 10 millions de livres sterling de recettes pour subvenir à toutes les charges annuelles et légitimes de l'Egypte.

Mais, nous ne saurions trop le répéter il faut prendre un parti immédiatement ; il faut se rappeler des droits que les traités concèdent et des devoirs qu'ils imposent à l'Europe en ce qui regarde la vice-royauté d'Egypte, car si l'on tarde encore d'agir nous croyons pouvoir dire que c'en est fait de l'influence légitime des puissances ; c'en est fait de la tranquillité et de l'avenir de tout un peuple ; c'en est fait, enfin, de plusieurs milliards de l'épargne européenne.

21 *juillet* 1878.

Pour le Comité des Européens du Caire
pour la défense de leurs intérêts,

LE PRÉSIDENT,
J.-C.-ARISTIDE GAVILLOT

LE SECRÉTAIRE,
H. LE MOYNE.

Le Mans. — Imp. Leguicheux-Gallienne.